SIMONE WEIL

Philosophie für unterwegs, Band 17

Bisher erschienen
Band 1: Epikur. Der Philosoph der Freude
Band 2: Nietzsche. Der Wanderphilosoph
Band 3: Machiavelli. Der Philosoph der Macht
Band 4: Aristoteles. Wegbereiter der Metaphysik
Band 5: Karl Popper. Der kritische Rationalist
Band 6: Francis Bacon. Empirist und Lordkanzler
Band 7: Ludwig Feuerbach. Philosoph des gesunden Menschenverstandes
Band 8: Jesus. Meister des Wortes
Band 9: Hannah Arendt. Erforscherin des Bösen
Band 10: Martha Nussbaum. Philosophin des guten Lebens
Band 11: Albert Camus. Philosoph des Absurden
Band 12: Karl Marx. Philosoph der Verheißung
Band 13: Arthur Schopenhauer. Philosoph des Irrationalen
Band 14: Friedrich Engels. Philosoph der Bewegung
Band 15: Gottfried Wilhelm Leibniz. Begründer der Monadenlehre
Band 16: Sokrates. Philosoph der Selbsterkenntnis
Band 17: Simone Weil: Philosophin der Freiheit
Band 18: Platon. Begründer der Philosophie
Band 19: Konfuzius. Philosoph des rechten Weges
Band 20: Thomas von Aquin. Der Theologe als Philosoph

Ingeborg Gleichauf, geb. 1953, studierte Germanistik und Philosophie (Promotion über Ingeborg Bachmann). Die freie Autorin lebt in Freiburg. Sie schreibt vor allem über Philosophinnen und Dichterinnen. Bücher (Auswahl): Wir wollen verstehen. Geschichte der Philosophinnen (dtv), Hannah Arendt und Karl Jaspers (Böhlau), Denken aus Leidenschaft (dtv). In der Reihe Philosophie für unterwegs“ erschien 2022 von ihr: „Martha Nussbaum. Philosophin des guten Lebens“.

INGEBORG GLEICHAUF

SIMONE WEIL

Philosophin der Freiheit

mitteldeutscher verlag

Die Reihe „Philosophie für unterwegs“ wird herausgegeben von Florian Russi.

Umschlaggestaltung unter Verwendung einer Zeichnung von Lutz Bolldorf.

Bibliografische Information der Deutschen Nationalbibliothek
Die Deutsche Nationalbibliothek registriert diese Publikation in der Deutschen Nationalbibliografie; detaillierte bibliografische Daten im Internet unter http://d-nb.de.

2., unveränderte Aufl. 2026

www.mitteldeutscherverlag.de

Gesamtherstellung: Mitteldeutscher Verlag, Halle (Saale)

ISBN 978-3-96311-777-0

Printed in the EU

Inhalt

Die jugendliche Denkerin

In einem ihrer Briefe an Pater Perrin aus dem Jahr 1942 schreibt Simone Weil davon, dass sie im Alter von vierzehn Jahren in eine tiefe Verzweiflung stürzte, sie am liebsten sterben wollte, weil ihr ihre natürlichen Fähigkeiten allzu mittelmäßig erschienen. Die Frage nach dem Sinn des Lebens stellt sich bereits jetzt vehement und wird Simone Weil nicht mehr verlassen.

Am 3. Februar 1909 wird Simone Weil in Paris geboren. Mit ihrem drei Jahre älteren Bruder lernt sie früh die Welt der Märchen und der Mathematik kennen – eine spannende Mischung. In der Schule fallen ihr all die Fächer, in denen es um ein intellektuelles Durchdringen verschiedener Themen und Probleme geht, besonders leicht. Sie liebt Mathematik und Naturwissenschaften und schließlich auch die Philosophie. Nachdem sie die erste Bakkalaureatsprüfung in Griechisch und Latein abgelegt hat, wechselt sie das Gymnasium und wählt als Hauptfach Philosophie. Zu dieser Zeit ist das Mädchen erst fünfzehn Jahre alt. Äußerlichkeiten spielen schon in ihrer Jugend für sie keine Rolle, auf „Pariser Chic“ legt sie keinen Wert, lehnt jede Form von Luxus ab. Im Umgang mit Gleichaltrigen zeigt sie sich kompromisslos, wenn es um wichtige Lebensfragen geht. Von ihren Kameraden und Kameradinnen wird sie deshalb frei nach Kant

„Kategorischer Imperativ im Unterrock“ genannt. Stärker als zu Gleichaltrigen fühlt sich Simone Weil zu älteren Menschen hingezogen, von denen man ihrer Meinung nach viel lernen könne. Im Oktober 1925 begegnet sie dem Gymnasialprofessor Èmile Chartier, genannt Alain, dessen Hauptfach die Philosophie ist und dessen Ideen zum Atheismus sie sehr beeindrucken. Alain ist der Meinung, der Mensch, der Gott leugne, könne ihm näher sein als der, der einen festen Begriff von ihm habe. Eine Anstrengung sei erforderlich und die Liebe vielleicht noch größer, so groß wie der Abstand, den es zu überwinden gelte.

Alain stellt der begabten Schülerin Sonderaufgaben und lässt sie Aufsätze schreiben. Er bringt Simone Weil zudem in Kontakt mit sozialistischen und gewerkschaftlichen Ideen. Die Frage nach Unterdrückung und Freiheit wird hier bei diesem Philosophielehrer zum ersten Mal Gegenstand für Simone Weils Nachdenken. Alain vertritt die Meinung, dass man aus einer moralischen Pflicht heraus sich selbst zu betrachten habe und dass dies notwendig sei, um auch anderen Menschen gerecht zu werden. Er lehnt starre Regeln und Dogmen ab. In Simone Weil hat er die perfekte Schülerin. Sie zeigt früh eine große Willensstärke und erträgt Ungerechtigkeiten in ihrer Umgebung nicht. Denken und Handeln sollten einander ihrer Meinung nach nicht widersprechen.

1928 wird Simone Weil in die École Normale Supérieure aufgenommen. Ihre bestimmte, konsequente Art und Weise, mit anderen und sich selbst umzugehen, stößt dort nicht nur auf Gegenliebe, und Weil legt sich sogar wiederholt mit der Schulleitung an. Überhaupt ist ihre Außenwirkung durchaus extravagant zu nennen. Sie kleidet sich betont burschikos, raucht exzessiv, trägt weite Kostüme, in deren Taschen sie den Tabak aufbewahrt, denn sie dreht ihre Zigaretten selbst. Sie liebt es, in den Cafés mit anderen Studentinnen und Studenten wild gestikulierend zu diskutieren. Bereits zu dieser Zeit zeigt sich, dass Simone Weil ihren Körper ins Spiel bringt, sich inszeniert, wenn es um gedankliches und politisches Engagement geht. Ihr ganzes Leben lang diszipliniert sie sich körperlich, verausgabt sich restlos, gönnt sich keine Ruhe. 1930 treten zum ersten Mal starke Kopfschmerzen auf, die Simone Weil nie mehr loslassen werden. Die Ursache ist nicht genau zu bestimmen. Tatsache ist, dass sie seit der frühen Jugend nicht ausreichend Nahrung zu sich nimmt und zu wenig Schlaf bekommt.

Simone Weil wird Unterstützerin einer Kampagne, die für die Gewissensentscheidung des Einzelnen für oder gegen den Wehrdienst eintritt. Im Jahr 1929 tritt sie der Liga für die Menschenrechte bei.

Im Schuljahr 1929/30 schreibt sie ihre Examensarbeit über „Wissenschaft und Wahrnehmung bei Descartes“. In ihrer Interpretationsmethode geht sie davon aus, dass die vorliegenden Gedanken und Ausführungen von Neuem gedacht und weiterentwickelt werden müssen. Sie übernimmt also die Gedanken des Descartes nicht rein nachvollziehend, sondern unterzieht sie einer kritischen Betrachtung. Allerdings bekommt sie von ihrem Lehrer Léon Brunschvicg für ihre Arbeit nur zehn von zwanzig Punkten, weil er der Meinung ist, sie gehe zu wenig historisch vor. Dennoch besteht sie die Staatsprüfung im Juli 1931, was die Zulassung zum höheren Schuldienst bedeutet. Von 107 Kandidatinnen und Kandidaten bestehen nur elf, was beweist, dass ihre große Begabung offensichtlich anerkannt wird.

Über die Ursachen von Freiheit und gesellschaftlicher Unterdrückung

Im Dezember 1934 schickt Simone Weil einen Aufsatz an den Herausgeber der Zeitschrift „Critsoc“. Dabei geht die Autorin über das hinaus, was eigentlich erwartet worden war. Es handelt sich bei dem 120 Seiten starken Text um eine kritische Auseinandersetzung mit dem Marxismus und gleichzeitig um eine philosophische Betrachtung der geistigen Zeittendenzen. Insbesondere geht es der Autorin um die Frage, ob Freiheit wirklich nur in Verbindung mit den Produktionsverhältnissen gedacht werden könne oder ob die Unterdrückungsverhältnisse ihre Ursachen nicht auch woanders haben.

Simone Weil hat diese Fragen auch mit dem russischen Revolutionär Leo Trotzki besprochen, den ihre Eltern auf einer Durchreise beherbergt hatten. In ihrem Essay schreibt Simone Weil:

> „Unterdrückung kann nicht deshalb ein Ende nehmen, weil sie für die Produktion schädlich wird; der von Trotzki so naiv als Faktor der Geschichte beschworene ‚Aufstand der Produktivkräfte‘ ist eine reine Fiktion. Genauso trügerisch wäre die Annahme, dass Unterdrückung nicht mehr unvermeidlich wäre, wenn die Produktivkräfte weit genug entwickelt

> sind, um Wohlstand und Freizeit für alle zu sichern.“ (FU, S. 49)

Die Unterdrückung des Menschen durch den Menschen muss ihres Erachtens noch andere Ursachen haben. Für Weil kommt hier das Phänomen „Macht“ ins Spiel. Letztlich geht es für sie darum, die Bedeutung von Macht für das Zusammenleben und vor allem für die Arbeitsverhältnisse zu untersuchen, wobei sie davon ausgeht, dass Macht immer auch Kampf um Macht bedeutet, Macht also an der eigenen Erhaltung arbeitet. Aber keine Macht kann sich endlos erweitern, denn alle Phänomene in der Welt stoßen an ihre Grenzen, davon ist Weil überzeugt.

Gesellschaft schränkt die Menschen immer ein. Dennoch entwirft Weil die Theorie einer freien Gesellschaft:

> „Und doch kann nichts auf der Welt dem Menschen das Gefühl nehmen, dass er zur Freiheit geboren ist. Nie, was auch immer geschieht, kann er die Knechtschaft ertragen; denn er kann denken. Er hat nie aufgehört, von einer Freiheit ohne Grenzen zu träumen, ob in Form des vergangenen Glücks, das ihm zur Strafe genommen wurde, oder des zukünftigen Glücks, das ihm der Pakt mit einer geheimnisvollen Vorsehung verbürgen soll. Der von Marx vorgestellte Kommunismus ist die jüngste Form dieses Traums. Dieser Traum blieb immer vergeblich, wie alle Träume, oder wenn

> er ein Trost war, dann nur als ein Opium. Es ist an der Zeit, von der Freiheit nicht mehr zu träumen und den Entschluss zu fassen, die Freiheit zu denken.“ (ebd., S. 65)

Menschen müssen sich auf ein Ideal ausrichten, weil das Ideal, anders als der Traum, einen Bezug zur Realität habe, schreibt Weil. So ist das Denken, die Vorstellungskraft, das Mittel, Freiheit zu entwerfen. Dies Denken sollte nach der mathematischen Methode der Problemlösung vorgehen, denn ein Problem enthalte alle Elemente seiner Lösung und könne rational erfasst werden.

Besonders spannend sind Weils Auslassungen zur Frage, welche Rolle das Kollektiv für gesellschaftliche Unterdrückung und Knechtschaft spielt. „Wenn es aber auf der Welt etwas absolut Abstraktes und Mysteriöses gibt, das den Sinnen und dem Denken nicht zugänglich wird, dann ist es das Kollektiv“ (ebd., S. 81). Hier kommt etwas ins Spiel, das zunächst die Ratio übersteigt. Dem Kollektiv gegenüber fühle sich das Individuum klein und schwach, ihm ist es unterworfen. Eine (einzige) Möglichkeit des Entkommens gibt es für Simone Weil allerdings: Im Denken gehe das Individuum über das Kollektiv hinaus, denn das Denken könne sich nur in einem Geist entwickeln, der mit sich selbst allein sei. Weil ist der festen Überzeugung, das Kollektiv denke nicht. Allerdings sei das Denken als rein urteilende Instanz nicht in der Lage, die Gesellschaft zu verändern. Das materielle Leben müsste so gestaltet werden, dass die Individuen, vor allem im Arbeitsprozess, jederzeit klare Begriffe über das zu Schaffende haben. Das bedeutet, dass Kollektive klein gehalten werden müssten, damit sie nicht das Auffassungsvermögen des Geistes übersteigen – so Simone Weils Idealvorstellung. Menschen würden erst dann füreinander fremd und undurchschaubar werden, wenn sie sich von der Vernunft entfernten, die allen gemeinsam ist. Akzeptierten die Menschen jedoch diese allen gemeinsame Vernunft als Basis des Zusammenlebens, dann würden sie einander niemals wie Dinge behandeln.

> „Das Denken ist zwar die höchste Würde des Menschen; aber es ist eine leere, nur scheinhafte Tätigkeit, wenn es nicht seinen Gegenstand erfasst, der nur die Welt sein kann." (ebd., S. 91)

Die Verbindung von Denken und Handeln, also die Anwendbarkeit abstrakter Spekulationen, schwebt Simone Weil in diesem frühen philosophischen Text als Ideal vor. Im letzten Kapitel erörtert Weil noch den Zustand der Gesellschaft in ihrer eigenen Gegenwart. Sie vertritt die Ansicht, noch nie seien die Menschen innerhalb der modernen Zivilisation weniger in der Lage gewesen zu denken. Es herrsche eine „blinde Kollektivität“, der die Individuen ausgeliefert seien. Und es sei ein Irrtum zu glauben, dass ein „System der Versklavung“ von den Sklaven gestürzt werde. Außerdem sei nichts leichter, als in einer ganzen Bevölkerung einen Mythos zu verbreiten.

> „Es ist zum Beispiel nicht richtig zu sagen, dass der Faschismus das freie Denken zerstört; in Wirklichkeit ist es das Fehlen von freiem Denken, das die gewaltsame Durchsetzung offizieller Doktrinen ermöglicht, die bar jeder Bedeutung sind.“ (ebd., S. 108)

Simone Weil beendet ihren Text mit der Forderung, klare Begriffe nur mechanischen Methoden vorzuziehen. Es gelte, jeder Art von „kollektivem Wahn“ zu entgehen. Über die Technik müsste ganz neu nachgedacht werden, und zwar nicht nur in Hinblick auf Produktivität, sondern ebenso vom „Standpunkt der Beziehung des Arbeiters zu seiner Arbeit“. Und dabei sei das freie Denken gefragt.

Arbeit in der Fabrik und Fabriktagebuch

In den frühen 1930er Jahren arbeitet Simone Weil als Philosophielehrerin in Roanne. Ihr Anliegen ist es jedoch, die theoretische Arbeit mit der Praxis zu verbinden. Sie will das Nachdenken über das Leben als Arbeiterin in einer Fabrik vertiefen durch direktes Erleben am eigenen Leib. Ein Sonderurlaub vom Schuldienst wird ihr gewährt. Und so tritt sie am 4. Dezember 1934 in die Elektro-Firma Alsthom ein. Simone Weil wird bis August 1935 noch in zwei weiteren Fabriken als Arbeiterin tätig sein. Bereits vom ersten Tag an bis Ende November 1934 dokumentiert sie ihre Arbeit durch ein Fabriktagebuch, das sie minutiös führt.

Simone Weils Gesundheit bleibt lebenslang eine schwächliche. Vor allem machen ihr immer wieder lange Phasen mit brutalen Kopfschmerzen zu schaffen. Insofern ist die Akkordarbeit in der Fabrik natürlich eine Totalüberforderung für die junge Frau. Die Arbeiterinnen und Arbeiter werden nach Stückzahl bezahlt. Weil erreicht die geforderte Stückzahl nie, und daher verdient sie so wenig, dass sie sich nicht einmal ausreichend ernähren kann. An eine Schülerin schreibt Simone Weil, „das Tragische besteht darin, daß die Arbeit zu mechanisch ist, um dem Denken als Objekt zu dienen, und dennoch jedes andere Denken verbietet“ (FTB, S. 32). Freizeit habe man praktisch nicht, schreibt sie weiter, denn diese werde durch die Müdigkeit aufgezehrt.

In der siebten Woche in der Fabrik notiert Simone Weil in ihrem Tagebuch:

> „Die Erschöpfung läßt mich schließlich die wahren Gründe meines Aufenthaltes in der Fabrik vergessen, macht die stärkste Versuchung dieses Lebens fast unüberwindlich: nicht mehr denken, einziges Mittel, um nicht zu leiden. Nur am Samstagnachmittag und am Sonntag kehren Erinnerungen zurück, Ideenstücke, erinnere ich mich, auch ein denkendes Wesen zu sein. Entsetzen erfaßt mich, als ich meine Abhängigkeit von äußeren Umständen feststelle: es genügte, daß sie mir eines Tages eine Arbeit ohne wöchentlichen Ruhetag aufzwingen – was schließlich immer möglich ist – und ich würde zu einem Lasttier, gehorsam und ergeben (wenigstens in meinen Augen).“ (ebd., S. 61)

Gerade das, was für Simone Weil bislang die zentrale Lebenskraft darstellte, nämlich das Denken, wird nun zu einem fragilen Gebilde, das jederzeit von einem Abgrund aus Erschöpfung und Müdigkeit verschlungen werden kann. Sie erfährt in der Fabrikarbeit die totale Abhängigkeit vom Körper, seiner Stärke, seinem Durchhaltevermögen.

Die Arbeit in der Fabrik bringt eine weitere Erkenntnis mit sich: die Erfahrung, an der eigenen Sprache zu scheitern, nicht mehr ausdrücken zu können, was gesagt werden soll. So stößt Weil in dieser intensiven Lebensphase an vielerlei Grenzen. Ihre Sicht auf nahezu alles, ja auf das Leben insgesamt verändert sich. Und trotz all der Drangsale, der unendlichen Mühe bedauert die junge Frau es nicht, sich diesem Experiment ausgesetzt zu haben.

> „In diesen Monaten der Sklaverei habe ich viel gelitten, aber um nichts auf der Welt wünschte ich, sie nicht durchgestanden zu haben. Sie erlaubten mir, mich selbst zu prüfen und mit der Hand all das zu berühren, was ich mir nur hatte vorstellen können. Ich gehe ganz anders daraus hervor, als ich hineinging – physisch erschöpft, aber moralisch gehärtet.“ (ebd., S. 27)

Während ihrer Fabrikarbeit lernt Simone Weil sich selbst und ihre Möglichkeiten ganz neu kennen. Sie, für die die Revolte, die von einem freien Denken auszugehen hat, immer mit im Raum stand, erkennt nun als eine neue Qualität die Fügsamkeit. Es ist eine Qualität, unter der Weil leidet, weil sie ihr einen Teil ihrer Menschenwürde nimmt. Sie möchte sich der Sklaverei nicht ergeben. Sie hat die Macht kennengelernt, die der Zwang zur Geschwindigkeit und die Unterwerfung unter Befehle auf die Seele ausübt.

> „Man verläßt den Betrieb stets in Eile. Bis zum Klingelzeichen wird so gearbeitet, als hätte man noch Stunden vor sich. Die Klingel ist noch nicht ertönt, da erheben sich schon alle, wie von einer Feder bewegt, eilen zur Stechuhr, zum Umkleideraum, ziehen, einige Worte wechselnd, ihre Sachen an und gehen nach Haus. Ungeachtet meiner Müdigkeit habe ich ein starkes Bedürfnis nach frischer Luft. Ich gehe zu Fuß an die Seine. Dort setze ich mich ans Ufer auf einen Stein, trübsinnig, ausgelaugt, das Herz von ohnmächtigem Zorn erfüllt, mit dem Gefühl, meiner ganzen Lebenssubstanz entleert zu sein. Ich frage mich, ob ich, sollte ich für immer zu dieser Art Leben verurteilt sein, täglich die Seine überqueren könnte, ohne mich eines Tages hinunterzustürzen". (ebd., S. 96)

Am Ende ihres Tagebuchs zieht Simone Weil ein Resümee. Sie fragt sich, was sie bei diesem so herausfordernden Experiment gewonnen habe. Da sei das Gefühl, kein Recht zu besitzen; sie habe das Bewusstsein der Fähigkeit, im Zustand der Erniedrigung zu leben, ohne sich in ihren Augen erniedrigt zu fühlen, aber auch Momente der Freiheit und Freundschaft zu genießen und permanent im direkten Kontakt mit der Wirklichkeit zu sein. Weil gesteht, sie sei täglich in

Angst aufgewacht und mit Furcht in die Fabrik gegangen. Was am meisten Furcht bereitete: die Befehle aushalten zu müssen. Sie habe den Eindruck gehabt, sie müsse sich ein ganz neues Gefühl persönlicher Würde, jenseits der täglich erlebten Erniedrigung, schaffen. Zu ihren erlangten Grundeinsichten gehört, dass eine unerbittliche Unterdrückung als unmittelbare Reaktion keine Revolte hervorbringt, sondern Unterwerfung.

So steht Simone Weil nach der Erfahrung der Fabrikarbeit vor einer Neuorientierung, vor einem erneuten Überdenken der Beziehung von Denken und Handeln, von Unterdrückung und Freiheit. Ihre Idee einer Humanisierung der Arbeitswelt durch geistige Bildung der Arbeiter ist massiv in Frage gestellt worden.

Stellvertretend für die Arbeiter setzt sie sich dem Bewusstsein des Unglücks aus. In ihren Augen sind die Arbeiter entwurzelt. Der Begriff „Entwurzelung" wird zu einem Grundbegriff der Philosophie Simone Weils. Die Arbeiter, die aus einem mit Sinn erfüllten Leben herausgerissen werden, können in diesem Leben keine Wurzeln mehr schlagen. Was Marx auf der intellektuellen Ebene analysiert hat und Entfremdung nennt, hat Weil am eigenen Leib erfahren. Ihr Begriff der Entwurzelung ist noch radikaler, weil existenzieller als der Begriff „Entfremdung". Ihn möchte sie weiter analytisch ausarbeiten.

Erste Erfahrungen mit dem Christentum

Die Fabrikarbeit hat Simone Weil völlig ausgelaugt und erschöpft. Mit ihrer Mutter macht sie eine Reise nach Portugal. In einem Brief analysiert Weil ihren momentanen Zustand als „seelisch und körperlich gewissermaßen wie zerstückelt" (ZfG, S. 92). Weiter heißt es:

> „In dieser Gemütsverfassung, und in einem körperlich elenden Zustand, betrat ich eines Abends jenes kleine portugiesische Dorf, das ach! Auch recht elend war; allein bei Vollmond, eben am Tage des Patronatsfestes. Es war am Ufer des Meeres. Die Frauen der Fischer zogen, mit Kerzen in den Händen, in einer Prozession um die Boote und sangen gewiß sehr altüberlieferte Gesänge, von einer herzzerreißenden Traurigkeit. Nichts kann davon eine rechte Vorstellung vermitteln. Niemals habe ich so etwas Ergreifendes gehört, außer dem Gesang der Wolgaschlepper. Dort hatte ich plötzlich die Gewißheit, daß das Christentum vorzüglich die Religion der Sklaven ist und daß die Sklaven nicht anders können als ihm anhängen und ich unter den übrigen." (ebd.)

Bei diesem religiösen Erlebnis ist keine Schwärmerei im Spiel. Die Philosophin Simone Weil erkennt für sich klar und deutlich eine bestimmte Wirklichkeit, ungetrübt von einer irgendwie träumerischen Verfassung. Descartes späht um die Ecke, das ist evident. Weil hat in diesem Moment eine blitzartig sich einstellende Erkenntnis, die durch logische Argumente nicht zu widerlegen ist. Ihre Methode des Philosophierens hat sich erweitert hinein in eine Form von physisch-denkerischer Erkenntnis.

Sie ist bemüht, diese neue Erkenntnis in ihre Arbeit als Lehrerin einfließen zu lassen. In einer ihrer Klassen ist eine Bauerntochter, und so nimmt Weil die Gelegenheit wahr, um auch die Landarbeit kennenzulernen, denn diese Arbeit ist ebenfalls hart, erfordert eine demütige, fast sklavische Haltung. Davon ist Weil überzeugt.

Philosophisch treibt sie weiterhin die Frage nach Entwurzelung und erneuter Einwurzelung um, und seit ihrem Erlebnis in Portugal untersucht sie diese Problematik nun auch mit einem theologischen Blick. Philosophie und Theologie sind von nun an direkte Nachbarn und befruchten einander gegenseitig.

Im April 1937 reist Simone Weil allein nach Italien. Dort hat sie, wie sie schreibt, ihre zweite intensive Begegnung mit Gott. In der Stille einer Kapelle in Assisi habe sie das Bedürfnis gehabt niederzuknien – zum ersten Mal in ihrem Leben. Auch die Kunstwerke Leonardo da Vincis und Michelangelos beeindrucken sie sehr. Aber es gibt noch eine ganz andere Seite in Simone

Weil: Sie liebt die Oper und genießt es, in Italien „Der Liebestrank“ von Donizetti, Verdis „Aida“ und Mozarts „Hochzeit des Figaro“ zu hören und zu sehen. Weils Leben und Denken führen nicht einlinig in eine bestimmte Richtung. Es gibt durchaus eine ganz eigene Art der „Wildnis“, der Abenteuerlust, es finden sich unauflösbare Widersprüche. Selbstkasteiung und Lebensfreude gehen ganz eigenwillige Verbindungen ein. Allein aus diesem Grund lohnt es sich, ihre Texte zu lesen.

An Ostern 1938 fährt Simone Weil mit ihrer Mutter nach Nordfrankreich in die Benediktinerabtei Solesmes, wo sie allen Gottesdiensten beiwohnt und gregorianische Gesängen lauscht.

> „Ich hatte bohrende Kopfschmerzen; jeder Ton schmerzte mich wie ein Schlag; und da erlaubte ich mir eine äußerste Anstrengung der Aufmerksamkeit, aus diesem elenden Fleisch herauszutreten, es in seinen Winkel hingekauert allein leiden zu lassen und in der unerhörten Schönheit der Gesänge und Worte eine reine und vollkommene Freude zu finden. Diese Erfahrung hat mich auch durch Analogie besser verstehen lassen, wie es möglich sei, die göttliche Liebe durch das Unglück hindurch zu lieben. Ich brauche nicht eigens hinzuzufügen, dass im Verlauf dieser Gottesdienste der Gedanke an die Passion Christi ein für alle Mal in mich Eingang fand.“ (ebd., S. 92)

Ein weiteres Grundwort Simone Weils wird hier zum ersten Mal genannt: das „Unglück", immer in Verbindung mit der Liebe zu Gott gedacht. Philosophie, Theologie und existenzielle Erfahrung sind nunmehr zu einer unauflöslichen Einheit verschmolzen. Über die Theorie hinaus sucht Weil einen Weg in die Praxis, ins existenzielle Erleben. Theorie reicht ihr längst nicht mehr. Wissen und Glauben müssen zusammenfallen. Die Praxis hat Weil immer gesucht, als Fabrikarbeiterin, als Landarbeiterin, im Spanischen Bürgerkrieg. Sie hat sich extrem ausgesetzt, sich nie geschont. Sie wollte wissen, wie es sich anfühlt, körperlich und seelisch ausgelaugt, erschöpft zu sein.

Simone Weil schreibt nun ein Traktat unter dem Titel „Das Unglück und die Gottesliebe".

> „Wahrhaftiges Unglück liegt nur dann vor, wenn das Ereignis, das ein Leben ergriffen und entwurzelt hat, es unmittelbar oder mittelbar in allen seinen Teilen, in seinem sozialen, psychologischen und physischen Teil, getroffen hat. Der soziale Faktor ist wesentlich. Nur dort gibt es wahrhaftes Unglück, wo auch in irgendeiner Form ein sozialer Abstieg oder die Furcht vor einem solchen Abstieg vorliegt." (ebd., S. 14)

Entwurzelung – Einwurzelung

Im Juli 1942 kommt Simone Weil mit ihren Eltern in New York an. Als Juden wären sie in Frankreich Hitlers Verfolgung zum Opfer gefallen. Simone Weil selbst bleibt aber nicht in Amerika, sondern reist weiter nach England. Ihre Überfahrt von New York nach London dauert zwei Wochen. Hier bekommt sie ein Zimmer bei einer Witwe mit zwei Söhnen. Sie schließt sich der Zentrale des französischen Widerstands in London an. Sehr gern würde sie als Krankenschwester arbeiten, bekommt jedoch eine Arbeit als Redakteurin zugewiesen. Sie soll die aus Frankreich eintreffenden Vorschläge zu einer Neuorientierung des Landes nach dem Krieg bearbeiten. Das ist ihr zu wenig, und sie schreibt einen großen Essay unter dem Titel „Vorspiel zu einer Erklärung der Pflichten dem Menschen gegenüber“. Das Werk, das unvollendet bleibt, erscheint 1949 unter dem Titel „L'Enracinement“, was übersetzt heißt: „Die Verwurzelung“.

Die *Verwurzelung* sei wohl das wichtigste Bedürfnis der Menschen, schreibt Simone Weil. Die Lebensräume, in die ein Mensch von Natur aus gehört, lassen Verwurzelung zu. Zur Entwurzelung kann es kommen durch militärische Eroberung, die Macht des Geldes, durch wirtschaftliche Übermacht und die gesellschaftlichen Verhältnisse. Die Seele hat in Weils Vorstellung bestimmte Bedürfnisse, die gestillt werden müssen. Diese Bedürfnisse der Seele sind mehr als das, was mit Menschenrechten gemeint ist. Es geht Weil nicht um Rechte der Menschen, sondern um Pflichten den Menschen und sich selbst gegenüber. Die Bedürfnisse ordnen sich zu Gegensatzpaaren in verschiedenen Kombinationen und gehören letztlich zusammen.

Die Bedürfnisse lauten im Einzelnen: Ordnung, Freiheit, Gehorsam, Verantwortung, Gleichheit, Hierarchie, Ehre, Strafe, Meinungsfreiheit, Sicherheit, Risiko, Privateigentum, kollektives Eigentum und Wahrheit. Eine lange Liste, wie man lesen kann. Ein Gegensatzpaar besteht etwa aus dem Bedürfnis nach Sicherheit und dem Bedürfnis, sich dem Risiko auszusetzen. Obwohl die Seele Sicherheiten braucht, um nicht in Angst und Panik zu verfallen, kennt sie auch das Bedürfnis nach dem Risiko, das vor Langeweile schützt und etwas Spielerisches ins Leben bringt.

Am höchsten ist für Simone Weil das Bedürfnis nach Wahrheit anzusetzen.

> „Es gibt Menschen, die acht Stunden am Tag arbeiten und die große Anstrengung unternehmen, abends zu lesen, um sich eine Bildung anzueignen. Sie können sich nicht in die großen Bibliotheken begeben, um Bücher zu konsultieren. Sie glauben dem Buch aufs

> Wort. Niemand hat das Recht, sie mit etwas Falschem zu nähren.“ (V, S. 39)

Zeitungen, die Lüge und Wahrheit munter mischen, sind für Weil ein besonderer Dorn im Auge. Menschen hätten aber das Recht, vor Suggestion und Irrtum geschützt zu werden. Es müsse Menschen geben, die die Wahrheit lieben.

Im zweiten Teil ihres Buchs beschäftigt sich Simone Weil eingehend mit der *Entwurzelung*. Im Zentrum steht die „Entwurzelung der Arbeiter“, die sie hautnah erleben konnte.

> „Die Entwurzelung ist mit Abstand die gefährlichste Krankheit der menschlichen Gesellschaften, denn sie vervielfacht sich selbst. Den tatsächlich Entwurzelten stehen eigentlich nur zwei Verhaltensweisen zur Verfügung: Entweder sie verfallen einer Trägheit der Seele, die fast dem Tod gleichkommt, wie der Großteil der Sklaven im Römischen Reich, oder sie stürzen sich in eine Tätigkeit, die oft mit gewalttätigen Methoden die Entwurzelung anderer betreibt, die noch nicht oder erst teilweise entwurzelt sind.“ (ebd., S. 47)

Simone Weil geht deshalb hart ins Gericht mit den Kolonialmächten, die Entwurzelung in riesigem Ausmaß betrieben hätten. Mit juristischen Mitteln sei die Lage der Arbeiter nicht zu verbessern, denn ihr Elend liege nicht auf der juristischen Ebene. Simone Weil stellt ein „Verzeichnis der Schmerzen der Arbeiter" auf. Zuerst beschreibt sie den Schock, den ein Junge erleidet, wenn er mit zwölf oder dreizehn Jahren die Schule verlässt und in die Fabrik eintritt, wo er nur zu gehorchen hat. Ein solches Kind werde zum „Ergänzungsteil einer Maschine", also zu weniger als einem Ding. Was entsteht, sei eine Art „inneres Schwindelgefühl", der Eindruck von Nichtexistenz, den Intellektuelle ihr Leben lang nie erfahren. Ebenso dürfe es nicht sein, dass die ganze Konzentration sich auf die Lohntüte richte, weil es für die Arbeiter keinerlei Teilhabe am Ganzen der Arbeit des Unternehmens gebe. Arbeiter hätten keine Idee davon, was den Wert der Dinge, die sie herstellen, ausmacht. Auch sei ihr Familienleben gänzlich getrennt vom Arbeitsleben.

Ein großes Problem stellen für Simone Weil die Maschinen dar, vor allem die Auffassung darüber, was diese zu leisten haben. Sie sollen vorrangig den Interessen von Unternehmern und Verbrauchern dienen. Wie es den Arbeitern, die an diesen Maschinen stehen, geht, interessiert nicht. Das seelische und körperliche Wohlbefinden der Arbeiter spielt keine Rolle in der Kalkulation. Auch die Gefahr der Arbeitslosigkeit wird nicht bedacht. Daran würde auch eine Verstaatlichung nichts ändern, da ist sich Simone Weil sicher. Eine große Rolle misst Weil der Lehrlingsausbildung zu, denn es müssten gute Facharbeiter geschult werden. Weil sieht hier auch den Staat in der Pflicht. Es müsse eine Ausbildung sein, die über das rein Berufliche hinausgehe. Arbeiter sollen sich auch in der Welt des Geistes zu Hause fühlen. Dabei müssten geistige Wahrheiten übersetzt werden in die Sprache der Arbeiter, schreibt Weil. „Was nicht übersetzt werden kann, ist keine Wahrheit" (ebd., S. 65). Als Beispiel führt Weil die Geometrie an. Diese könne man in eine Berufsschule integrieren, indem man Unterricht und Werkstatt verbindet.

> „Mit noch größerem Recht gilt das für den Teil der Bildung, der unter dem Etikett Geisteswissenschaften aufgeführt wird. Denn sein Gegenstand ist immer der Mensch und sein Leben, und davon hat das Volk die wirklichste und unmittelbarste Erfahrung." (ebd., S. 68)

Intellektuelle sollten sich unter die Arbeiter mischen. Weil gibt zu, dass dies kein leicht zu verwirklichendes Unterfangen sei. Simone Weil hat eine Zukunftsvision: Die großen Fabriken sollten abgeschafft werden. Es gäbe stattdessen besser eine große Montagewerkstatt und mehrere kleine Werkstätten. Die Arbeit würde nur einen halben Tag dauern, der Rest des Tages könnte technischen Vorträgen und dem kameradschaftlichen Austausch gewidmet sein. Jeder Arbeiter besäße ein Haus und einen Garten. Auch die Maschinen wären entweder das individuelle oder kollektive Eigentum der Arbeiter. Der Proletarierstand wäre abgeschafft.

> „Der Haken bei dieser sozialen Denkweise ist, dass sie keinerlei Chance hat, über die Welt der Worte hinauszugehen, wenn sich nicht eine gewisse Anzahl freier Menschen findet, in deren Innerstem der brennende Wille und unerschütterliche Wille wohnt, sie in die Welt der Wirklichkeit einzuführen. Es ist aber nicht sicher, dass solche Menschen gefunden und dazu angeregt werden können." (ebd., S. 74)

In einem weiteren Teil geht es Simone Weil um die *Entwurzelung des Bauernstandes.* Gleich am Beginn ihrer Erörterung bedauert sie die Spaltung zwischen Bauern und Arbeitern, die in Frankreich eine lange Geschichte habe. Sie sieht in der Entwurzelung der Bauern eine ebenso tödliche Gefahr wie in der Entwurzelung der Arbeiter. Man müsse nur an die Landflucht denken. „Eine Maßnahme, die das Herz der Bauern erfreuen würde, wäre ein Beschluss, durch den das Land als ein Arbeitsmittel und nicht als ein Vermögenswert bei der Teilung des Erbes betrachtet würde" (ebd., S. 79)."

Simone Weil arbeitet sich also auch in erbrechtliche Probleme ein. Und sie ist sehr kreativ in ihrer Vorstellung für ein lebenswertes

Bauernleben. So fände sie es sinnvoll, wenn junge Bauern erst einmal eine Reihe von Jahren durch die Welt reisen könnten. Eine spätere Sesshaftigkeit wäre dann leichter zu verwirklichen. Was die geistige Bildung betrifft, so sieht Weil hier eine Parallele zu den Arbeitern, denn auch die Bauern bräuchten eine ihnen adäquate Übersetzung von geistigen Gütern.

> „Die Naturwissenschaften müssen den Bauern ganz anders nahegebracht werden als den Arbeitern. Für die Arbeiter ist es natürlich, dass alles von der Mechanik beherrscht wird. Für die Bauern müsste im Mittelpunkt vor allem der wunderbare Kreislauf stehen, in dem die Energie der Sonne, in die Pflanzen herabgestiegen, vom Chlorophyll gespeichert, in Getreidekörnern und Früchten konzentriert, durch Essen und Trinken in den Menschen gelangt, in seine Muskeln übergeht und zur Bestellung des Bodens verbraucht wird. Alles, was zu den Naturwissenschaften gehört, könnte rings um diesen Kreislauf aufgebaut werden, denn der Begriff der Energie steht im Mittelpunkt von allem. Wenn der Gedanke an diesen Kreislauf in den Kopf der Bauern eindringen würde, bekäme ihre Arbeit einen poetischen Glanz." (ebd., S. 83)

Ein wenig ist Simone Weil doch eine Träumerin, eine Visionärin, die manchmal durchaus den Boden der Faktizität verlässt und ein Bild vom Menschen entwirft, das hell leuchtet und niemals von der Wirklichkeit eingeholt werden könnte. Es ist spannend, dies zu beobachten. Simone Weil ist hier nicht einfach nur die klare, disziplinierte Denkerin, für die das „clare et distincte percipere“ (das klare und deutliche Wahrnehmen) eines Descartes Richtschnur ihres eigenen Denkens ist, sondern aus ihrem Denken, aus ihrer Analyse schaut auch die Person, die das Zauberhafte der Opern liebt, die einen Sinn hat für die Poesie und Schönheit von Kunst. Und so kann sie fordern, in den Dörfern müsse der Sinn für die Schönheit der Welt und der Natur geschärft werden. Lehrer auf dem Land sollten auf die Bauern eingehen und nicht sie verachten.

Ein drittes Thema, das Simone Weil mit der Entwurzelung in Verbindung bringt, ist das der *Nation*. Weil vertritt die Meinung, die Nation sei in ihrer eigenen Zeit das einzige Gemeinwesen im Universum. Dabei bezieht sie sich natürlich vor allem auf Frankreich und zeitlich auf den Juni 1940. „Heute hat Frankreich keine andere Wirklichkeit als die Erinnerung und die Hoffnung“ (ebd., S. 95). Es gibt für Weil in jeder Seele einen gewissen Anteil, der nur in der nationalen Sphäre gedeihen kann. Es gebe Bevölkerungen, die nie wieder genesen seien, nachdem sie erobert wurden. Der Staat habe die Pflicht, dem Volk ein Vaterland zu sichern. Um ihre Meinung zu stützen, geht Weil sehr weit in die Vergangenheit Frankreichs zurück. Sie untersucht, wann und auf welche Weise es Entwurzelungstendenzen in der französischen Geschichte gab. Und sie geht immer von den Befindlichkeiten des Volkes aus.

> „Wenn dem Volk das Vaterland als etwas Schönes, Kostbares dargestellt wird, das einerseits unvollkommen, andererseits sehr zerbrechlich und dem Unglück ausgesetzt ist, das man lieben und hüten muss, wird es sich ihm mit recht näher fühlen als die anderen Gesellschaftsklassen". (ebd., S. 164)

Da das Volk (Weil meint die unteren Klassen, vor allem Arbeiter und Bauern, wenn sie von Volk spricht) die „Wirklichkeit des Unglücks" kennt, kann es lebhafter als andere Gesellschaftsklassen spüren, wie kostbar die Dinge sind und welche unbedingt beschützt werden müssen. So kann das Volk Mitleid haben mit dem Vaterland, das leidet. Dieses Gefühl des Mitleids hat für Weil etwas Poetisches, Ergreifendes, Heiliges.

> „Der Staat ist heilig, aber nicht wie ein Götzenbild, sondern wie die Kultgegenstände oder die Steine des Altars, das Taufwasser oder ähnliche Dinge. Jedermann weiß, dass es sich nur um stoffliche Dinge handelt. Aber diese stofflichen Stücke werden als heilig betrachtet, weil sie einem heiligen Gegenstand

> dienen. Und diese Art Majestät steht dem Staat zu.“ (ebd., S. 169)

Der große dritte Teil des Buchs beschäftigt sich mit Simone Weils zentralem Thema der *Verwurzelung*.

Sie schreibt viel zum Thema Erziehung, weil diese dazu beitrage, die Entwurzelten wieder in eine Verwurzelung zu bringen. Die entwurzelten Menschen müssten Zugang zur Kultur erhalten.

> „Vier Hindernisse trennen uns vor allem von einer Form von Kultur, die etwas taugt. Unsere falsche Auffassung von Größe; der Verfall des Gerechtigkeitsempfindens; unsere Vergötzung des Geldes und das Fehlen einer religiösen Inspiration in uns.“ (ebd., S. 202)

Simone Weil betont auch die große Bedeutung einer Beschäftigung mit der Geschichte, denn nur dadurch sei, verbunden mit der Lebenserfahrung, das menschliche Herz kennenzulernen.

Weils Nachdenken über Verwurzelung ist stark geprägt von ihrer Haltung zu Moral, Wahrheit, Heiligkeit und Heroismus. Sie denkt die materielle und geistige Verwurzelung zusammen. Im Lauf der Jahre hat sich ihre Meinung gefestigt, dass es kein Handeln ohne geistige Durchdringung, keine Politik und keinen gesellschaftlichen Fortschritt ohne Religiosität geben kann. Und so ist es für sie auch selbstverständlich, dass ein großes Talent in der Kunst nicht von einem hohen moralischen Anspruch zu trennen ist. Für Simone Weil gibt es Genies, „deren Genialität so rein ist, dass sie offenkundig der Größe der vollkommenen Heiligen nahekommt“ (ebd., S. 211). Weil nennt als Beispiele Giotto, Velasquez, Aischylos, Sophokles, Racine, Monteverdi, Bach und Mozart. Bei Rabelais findet sie eine „mysteriöse Reinheit“, und sie ist sicher, dass der Genius Frankreichs nur in dem, was rein ist, lebt. Sie ist der Überzeugung, der Geist der Wahrheit sei fast nicht mehr wahrnehmbar in ihrer eigenen Zeit. Dabei schont sie vor allem die Wissenschaft nicht und kritisiert deren „Geistlosigkeit“ mit aller Schärfe.

> „Der Geist der Wahrheit kann in der Wissenschaft wohnen, vorausgesetzt, der Beweggrund des Wissenschaftlers ist die Liebe zu dem Gegenstand, der den Stoff seiner Untersuchung bildet. Dieser Gegenstand, das ist das Universum, in dem wir alle leben.“ (ebd., S. 241)

Die wissenschaftliche Arbeit bezeichnet Weil als eine Form der „religiösen Kontemplation“.

Im Fortgang des Buchs verändert sich die Gangart des Denkens von Simone Weil. Sie geht von der Analyse des Alltags, vor allem des Arbeitsalltags der Menschen, hin zu einer denkerischen Beschäftigung mit den spirituellen Wurzeln eines sinnvollen Lebens. Sie denkt nach über die übernatürlichen Beziehungen zwischen Gott und seinen Geschöpfen, über Notwendigkeit, über reine Aufmerksamkeit. Die Philosophin Simone Weil allerdings hält sich nicht an den Glauben, sondern ist der Meinung, der Begriff des Übernatürlichen müsse streng definiert und als wissenschaftlicher Begriff in die Wissenschaft eingeführt werden. Auf diesem Weg kommt sie dann auf die körperliche Arbeit zurück, die ja den Ausgangspunkt ihrer Untersuchung markiert hat. „Die Rückkehr zur Wahrheit würde unter anderem auch die Wahrheit der körperlichen Arbeit wieder sichtbar machen" (ebd., S. 273). Und so kommt sie zu dem Schluss: „Die körperliche Arbeit ist ein täglicher Tod" (ebd., S. 278). Arbeitende Menschen bringen alles, was sie haben, den Körper wie auch die Seele, in den Kreislauf der trägen Materie ein, so Weil. „Der Arbeiter macht aus seinem Körper und seiner Seele eine Verlängerung des Werkzeugs, das er handhabt" (ebd). Die Arbeit bezeichnet für Weil den vollkommensten Akt des Gehorsams. Dies beinhaltet ein Jasagen des Arbeiters zur Arbeit, jeden Tag, ein Leben lang.

Schwerkraft und Gnade

Simone Weil übergab dem katholischen Schriftsteller und Philosophen Gustave Thibon Ende April 1942 auf einem Bahnhof in Marseille eigene Schriftstücke. Es handelte sich hierbei um elf Notizhefte (frz. *Cahiers*). Nachdem Thibon die Texte gelesen hatte, brachte er sie in eine in seinen Augen vernünftige Ordnung und veröffentlichte sie 1947, vier Jahre nach Weils Tod, im Pariser Verlag Plon unter dem Titel „La pesanteur et la grace". Es war die erste Veröffentlichung mit Texten von Simone Weil. 1952 erscheint das Buch auf Deutsch in München beim Kösel Verlag unter dem Titel „Schwerkraft und Gnade".

Thibon hat allerdings Texte herausgelöst und nur solche ausgewählt, die seiner geistig-religiösen Anschauung entsprachen. Charlotte Bohn schreibt in ihrer editorischen Notiz zu „Schwerkraft und Gnade", es handle sich bei diesen Textstücken um das „Verdaubare", während die *Cahiers* „Unverdautes" enthalten. Bohn fordert die Leserinnen und Leser auf, Weils Texte in einer jeweils eigenen Weise und individuellen Lesart aufzunehmen.

Bisher hat sich herauskristallisiert, dass es Simone Weil in ihrer Arbeit letztlich immer um den Zugang des Menschen zur leiblichkonkreten Welt ging. Phänomene wie Aufmerksamkeit, Tugend, Gehorsam oder Gnade werden nicht in einem abstrakten Denkraum verhandelt oder verortet, sondern haben ihren Ort im konkreten Leben der Menschen. So geht sie auch in den Texten, die in „Schwerkraft und Gnade“ versammelt sind, auf die Grundbegriffe ein, die sie sich im Lauf ihres bisherigen Denkerinnenlebens erarbeitet hat. Zum Beispiel Gehorsam und Notwendigkeit, die sie bezüglich der harten körperlichen Arbeit der Fabrikarbeiter angesprochen hat: „Der Gehorsam ist die höchste Tugend. Die Notwendigkeit lieben“ (SuG, S. 50). Jedes Geschöpf, schreibt Weil, das den vollkommenen Gehorsam erreicht hat, stelle einen einzigartigen Modus der Gegenwart, Erkenntnis und des Handelns Gottes in der Welt dar. Und auch jetzt geht es ihr nicht um einen blinden Glauben, sondern um klare Begriffe. „Wie unterscheidet man in geistlichen Dingen das Imaginäre vom Wirklichen? Man soll die wirkliche Hölle dem imaginären Paradies vorziehen“ (ebd., S. 61).

Gehorsam solle der Mensch sein hartes Leben akzeptieren und nicht fliehen in Träume von einem imaginären Paradies. Das klingt hart, und Simone Weil führt es in ihrer weiteren Untersuchung aus.

Ein weiteres Grundwort Simones Weils, das *Unglück*, wird ebenfalls ausführlich erörtert. Die Leiden sind hinzunehmen, weil sie sind. Die

Philosophin gibt zu, dass es die Freude ist, die eine wirkliche Daseinsfülle erfahrbar macht. Aber sie meint, noch besser sei es, zu leiden und dabei das Gefühl des Wirklichen zu bewahren. Wie bei allen Begriffen, die Simone Weil durchdenkt, eröffnen sich Widersprüche. Die Philosophin selbst bezeichnet den Widerspruch als „Spitze der Pyramide“. Einen solchen Widerspruch gilt es auszuhalten auch bei der Erörterung des Begriffs Unglück:

> „Man soll sich bemühen, so sehr man kann, das Unglück zu vermeiden, damit das Unglück, das einem begegnet, vollkommen rein und vollkommen bitter sei.“ (ebd., S. 92)

Widersprüche tun sich immer dann auf, wenn eine Beziehung zwischen der Fülle des Lebens und dem Nichts oder der Leere hergestellt werden soll. Hier stößt die Sprache an eine Grenze, weil das Denken an eine Grenze stößt. Simone Weil umkreist die Leere als das Eigentliche, und sie tut dies, indem sie Menschen darauf hinweisen möchte, dass sie das Leben lieben sollen in seiner ganzen Fülle. Die Zerreißprobe, die diese Zumutung für den Menschen bedeutet, nennt Simone Weil das Kreuz. Im Grunde ist das Nichtsein das Höchste, aber es kann nur erreicht werden durch ein gesteigertes Sein.

Der Schriftsteller Frank Witzel, der zu dem Band „Schwerkraft und Gnade“ ein Nachwort geschrieben hat, zitiert darin Anne Carson aus ihrem Buch „Decreation“: „Auch Simone Weil war ein Mensch, der sich selbst aus dem Weg schaffen wollte, um zu Gott zu gelangen“ (ebd., S. 227).

Simone Weil selbst fordert genau dies in ihrem Nachdenken über das Ich:

> „Erlösender Schmerz. Stürzt ein menschliches Wesen im Stand der Vollkommenheit, nachdem es durch den Beistand der Gnade das Ich in sich selbst völlig ausgetilgt hat, auf jene Stufe des Unglücks herab, die für dieses Wesen der Zerstörung des Ich von außen entspräche, so ist dies die Fülle des Kreuzes. In ihm kann das Unglück nicht mehr das Ich zerstören, da es verschwunden ist und Gott Platz gemacht hat.“ (ebd., S. 32)

Allein diese wenigen Zitate mögen zeigen, welch eine Herausforderung und sogar Überforderung die Texte Simone Weils bedeuten können, aber nur dann, wenn man sie einzeln für bare Münze nimmt und nicht den Mut aufbringt, sich zu verschiedenen Lesarten durchzuringen. Erst dann, wenn die Texte sich öffnen für einen lesenden, nachdenkenden Dialog, erscheinen diese Textbruchstücke als das, was sie sind: hingeworfene Gedankenblitze, hinter denen zwar harte begriffliche Arbeit steckt, die sich aber im Moment des Entstehens und In-die-

Welt-Tretens schon von ihrer Erschafferin gelöst haben und ein Eigenleben beginnen.

Sehr spannend in dieser Hinsicht sind die Texte, die unter der Überschrift „Der, den wir lieben sollen, ist abwesend“ versammelt sind. Dort heißt es: „Gott kann in der Schöpfung nicht anders anwesend sein als unter der Form der Abwesenheit“ (ebd., S. 120) Diese Aussage aber erinnert sehr stark an das Gedicht „Psalm“ von Paul Celan, in dem ein Niemand beschworen wird, dem zulieb wir blühen sollen. Auch hier bei Celan ist der Gott ein Abwesender.

Das heikelste Thema in Simone Weils Denken betrifft ihren religiös begründeten Antijudaismus. Was ihre Auslassungen zu Israel besonders schwer erträglich macht, ist die Tatsache, dass Simone Weil die im Kapitel „Israel“ stehenden Sätze im März 1942 geschrieben hat, nachdem sie, die Jüdin, selbst gerade noch die Möglichkeit der Emigration ergriffen hatte.

> „Der Fluch Israels lastet auf der Christenheit. Die Gräueltaten, die Inquisition, die Ausrottung von Häretikern und Ungläubigen, all das war Israel. Der Kapitalismus war Israel (und ist es gewissermaßen noch ...). Der Totalitarismus ist Israel, insbesondere bei seinen schlimmsten Feinden.“ (ebd., S. 179)

Alles sei in Israel mit Sünde befleckt, schreibt Simone Weil. Es gebe aber nichts Reines

> „ohne Teilhabe an der fleischgewordenen Göttlichkeit. [...] Alles ist beschmutzt und grässlich, als wäre es so gewollt, ausgehend von und mit Abraham (mit Ausnahme einiger Propheten). Als wollte man ganz eindeutig zeigen: Achtung! Dort ist das Übel! Volk, auserwählt wegen seiner Verblendung, auserwählt, um der Henker Christi zu sein." (SuG181)

Für Simone Weil sind die Juden eine „Handvoll Entwurzelter", die die Entwurzelung des gesamten Erdballs verursacht haben sollen. Es ist in der Tat unerträglich, diese Sätze lesen zu müssen im Bewusstsein, dass wir es mit einer ansonsten derart reflektierten, kritischen, klaren Denkerin zu tun haben. In diesem Fall gibt es nicht mehrere Lesarten. Das ist eindeutig antijudaistisch und in dieser Eindeutigkeit untypisch für Simone Weil. Thibon hat viele Sätze in seine Auswahl genommen, die diesen antijudaistischen Charakter haben, weil er selbst dem antijüdischen Rechtskatholizismus angehörte.

Die *Cahiers*

Es wurde bereits betont, dass die Basistexte für die Auswahl in „Schwerkraft und Gnade" die *Cahiers* bilden.

Es gibt ein erstes Heft aus den Jahren seit 1933 mit Notizen, die sehr bruchstückhaft sind. Mit den regelmäßigen Tagebuchaufzeichnungen beginnt Simone Weil erst am 13. Juni 1940, dem Tag, an dem sie mit ihren Eltern Paris verlässt, um nach Marseille zu gelangen, wo sie zwei Jahre verbringt. Am intensivsten schreibt Weil ab etwa Ende 1942 an den *Cahiers*. Später kommen die Aufzeichnungen hinzu, die sie in London verfasst.

Es ist völlig unmöglich, diese Texte einen nach dem anderen zu lesen. Immer wieder einen Text, ein paar Sätze, einige Zeilen. Elisabeth Edel und Wolfgang Matz, die die vier Bände für den Carl Hanser Verlag herausgegeben und übersetzt haben, schreiben in ihrer Einleitung zur Entstehungsgeschichte:

> „Die Cahiers von Simone Weil stellen kein für die Veröffentlichung bestimmtes Werk dar und ebenso wenig ein persönliches, chronologisch geführtes Tagebuch. Vielmehr handelt es sich um Aufzeichnungen, die die tägliche Arbeit an Aufsätzen, Essays und Zeitungsartikeln begleiten, oder um Notizen zu Themen-

> bereichen, mit denen Simone Weil sich jeweils gerade beschäftigte. Im Laufe der Zeit veränderte sich jedoch der Charakter der Cahiers: Begonnen als Sammlung von Gedanken, Plänen und Entwürfen, wurden sie gegen Ende immer mehr zu dem Ort, an dem Simone Weil aufzeichnete, wofür ihr, wie sie spürte, keine Zeit zur Ausarbeitung mehr blieb.“ (C, Bd. 1, S. 7)

Damit ist alles gesagt. Mehr denn je schreibt Simone Weil in den *Cahiers* den Widerspruch, wohnt sich schreibend im Widerspruch ein, was dieses Denken besonders lebendig macht, weil man nie wirklich ein Ergebnis hat, eine Lösung, sondern immer fängt man von Neuem an, sich den Begriffen zu nähern. Ein Widerspruch liegt zum Beispiel darin, die Freundschaft zu wollen, von ihr zu träumen und gleichzeitig zu wissen, dass das ein Fehler ist. Wie aber soll man Freunde gewinnen, wenn man es nicht will? „Man muß sie zurückweisen, um *würdig zu sein, sie zu empfangen*“ (ebd. S. 106) Haben im Nichthaben, verlieren, um zu gewinnen, kann als ein weiterer Grundgedanke Weils bezeichnet werden.

> „Man besitzt nur, worauf man verzichtet. Worauf wir nicht verzichten, das entzieht sich uns. In diesem Sinne kann man nichts besitzen, ohne über Gott zu gehen.“ (C, Bd. 3, S. 246)

Weils Grundworte sind auch in den *Cahiers* präsent: Aufmerksamkeit, Notwendigkeit, Unglück. In ihrem Radioessay „Das Unglück und die Gottesliebe – Der Weg Simone Weils" nennt Ingeborg Bachmann Simone Weil eine „Fanatikerin der Genauigkeit" und genau das ist sie. Sie denkt so klar, so genau, dass sie hinter keine Aussage einen Punkt setzen kann. Hinter jeder Aussage, hinter jedem Gedanken öffnet sich ein Raum aus Nichtgedachtem. Das weiß Simone Weil, und deshalb setzt sie immer wieder neu an, sucht andere Zugänge.

Mit Simone Weil denken

Am 15. April 1943 wird Simone Weil ohnmächtig in ihrem Zimmer aufgefunden und in die Klinik gebracht. Die Diagnose lautet Tuberkulose. Weil Simone Weil sich strikt weigert, ausreichend Nahrung zu sich zu nehmen, verschlechtert sich ihr Zustand zusehends. Auch weist sie medizinische Behandlungen von sich. Sie wird in ein Sanatorium nach Ashford/Kent verlegt und stirbt am Abend des 24. August 1943.

Kann man Simone Weils Denken trennen von ihrem extremen Leben? Muss man es vielleicht sogar tun? Auch Ingeborg Bachmann überlegt im erwähnten Radioessay, ob das Werk Simone Weils ihre Legende überleben wird. Wenn Weils Denken den Charakter des Existenziellen hat– und den hat es ganz offenbar, denn die Philosophin hat ihren Körper sich ins Denken hinein auflösen lassen –, dann bleibt ihr Denken lebendig. Simone Weils Denken ist eine Übung im Verschwinden. Und so mag es ihren Leserinnen und Lesern erlaubt sein, in Distanz zu treten zu ihrem ziemlich absonderlichen Leben und sich diesem faszinierenden Denken zu öffnen, in dem sie als Abwesende kreist, was durchaus in ihrem Sinn sein dürfte.

Frank Witzel hat in seinem Nachwort zu „Schwerkraft und Gnade“ einen Zugang gewählt, der zumindest reizvoll erscheint: Man könnte sich dem Denken von Simone Weil ja auch mit einem humoristischen Blick nähern, gerade ihr, in deren Werk sich nirgendwo ein Zug ins Komische wahrnehmen lässt. Man könne Weil auch als „Nervensäge und Tollpatsch" annehmen, schreibt Witzel und weist darauf hin, dass gerade durch solch eine Methode ihr Denken sich in einer neuen Dimension öffne und „mit ihrem immerwährenden Spekulieren bis hinein in unsere Zeit" (SuG, S. 236) reiche. So kann es helfen, die Gestalt der Denkerin in ihrer schieren Überlebensgröße in den Hintergrund treten zu lassen und sich dem ganz und gar wilden, sich bis ins Absurde hinein steigernden, Widersprüche erzeugenden Denken zu öffnen.

Man kann sich ihren Schriften ohne Scheu, ohne Furcht, ohne übergroße Bewunderung nähern. Diese Schriften sind nicht in der Lage, die Menschheit zu retten, wie auch die Person Simone Weil die Menschheit nicht retten konnte. Indem sie die hart erarbeiteten Begrifflichkeiten, ihre wie in Stein gemeißelten Sätze vor sich hergetrieben hat, sind sie ihr immer wieder entwichen, hat diese so starke, unbeugsame Persönlichkeit sie in die Flucht geschlagen mit ihrem nie erlöschenden Anspruch. Aber gerade als Flüchtende gewinnen diese Gedanken, die Grundworte in Weils Philosophie eine sprühende Lebendigkeit.

Quellen und Siglen

FU = Weil, Simone: Freiheit und Unterdrückung, Zürich 2021

FTB = Weil, Simone: Fabriktagebuch und andere Schriften zum Industriesystem, Berlin 2019

ZfG = Weil, Simone: Zeugnis für das Gute, München 1990

V = Weil, Simone: Die Verwurzelung, Zürich 2011

SuG = Weil, Simone: Schwerkraft und Gnade, Berlin 2021

C = Weil, Simone: Cahiers, München Wien 2017